I Emily
a'r holl fwncïod bach dewr.

Diolch i'm golygydd Emily Ford
a'm dylunydd Lorna Scobie

Cyhoeddwyd gyntaf yn Saesneg yn 2016,
gan Macmillan Children's Books, adran o Macmillan Publishers Ltd
20 New Wharf Road, Llundain N1 9RR dan y teitl *Little Monkey*.
Cyhoeddwyd yn Gymraeg yn 2017
gan Wasg y Dref Wen Cyf.
28 Heol yr Eglwys, Yr Eglwys Newydd, Caerdydd CF14 2EA.
Testun a lluniau © Marta Altés 2016
Y cyhoeddiad Cymraeg © 2017 Dref Wen Cyf.

Mae Marta Altes wedi datgan ei hawliau moesol.
Cedwir pob hawlfraint.
Mae'r cyhoeddwr yn cydnabod cefnogaeth ariannol
Cyngor Llyfrau Cymru.
Argraffwyd yn China.

MWNCI BACH
little monkey

marta altés

Addasiad gan Elin Meek

DREF WEN

Roedd Mwnci yn dwlu ar fyw yn y jyngl.
Monkey loved living in the jungle.

Roedd cymaint o bethau i'w gwneud,
a chymaint o bethau i'w gweld.
There were so many things to do and so many things to see.

Ond bob hyn a hyn ...
But every now and then ...

Wwwff! Oooff!

Roedd pethau'n mynd o chwith, braidd.
Things went a bit wrong.

Roedd gan Mwnci broblem fach.
Monkey had a little problem.

A'r broblem oedd mai un fach oedd hi.
And the problem was being little.

Ar rai dyddiau roedd popeth y tu hwnt i'w chyrraedd.
Some days everything was out of reach.

Roedd pethau bob amser yn rhy ddwfn,
Things were always too deep,

yn rhy beryglus
too dangerous

ac yn rhy anodd
i rywun mor fach.
and too difficult for someone so little.

NA CHEI, CHEI DI DDIM
DRINGO LAN FAN HYN.
NO, YOU CAN'T CLIMB UP HERE.

Roedd Mwnci wedi cael llond bol ar golli cyfle bob amser.
Monkey was fed up with always missing out.

Felly un diwrnod gwnaeth hi benderfyniad.
Penderfyniad dewr iawn a MAWR iawn.

So one day she made a decision. A very brave and very BIG decision.

"Dwi'n mynd i ddringo i frig y goeden dalaf.
Dyw'r jyngl DDIM yn rhy fawr i mi,
fe gewch chi weld!"

"I will climb to the top of the tallest tree.
The jungle is NOT too big for me, you'll see!"

Doedd hi ddim yn daith hawdd.
It wasn't an easy journey.

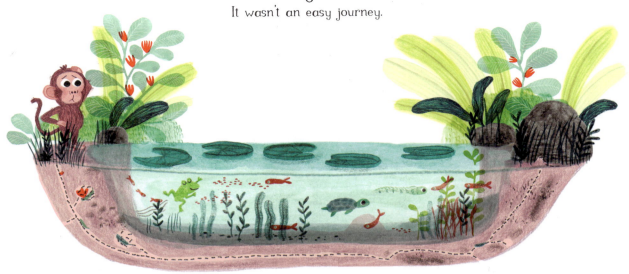

Ddim yn hawdd o gwbl.
Not easy at all.

Roedd yr afon yn ddwfn ac yn beryglus.
The river was deep and dangerous.

Roedd y llwybr yn aml yn anodd.
The path was often difficult.

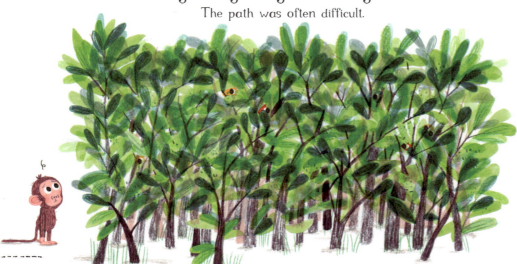

Ond roedd Mwnci'n gwrthod rhoi'r gorau iddi
But Monkey would not give up

a, gam wrth gam, daeth hi o hyd i'w ffordd.
and, step by step, she found her way.

Bob man roedd Mwnci'n edrych roedd hi'n sylwi ar bethau bach.
Everywhere Monkey looked she noticed little things.

Ac roedd y pethau bach yn gwneud pethau rhyfeddol!
And the little things did amazing things!

"Fy nhro i yw hi nawr," meddai hi.
"Now it's my turn," she said.

Felly dechreuodd
Mwnci gyfri.
So Monkey began to count.

"Un,
"One,

dau ...
two ...

"Pwy sy'n rhy fach nawr?
"Who's too little now?

NID FI."
NOT ME."

Cyn hir roedd Mwnci wedi cyrraedd bôn y goeden dalaf yn y jyngl.
Soon Monkey had reached the very bottom of the tallest tree in the jungle.

"Bydd hyn yn hwyl," meddai hi, a dyma hi'n dechrau dringo.
"This will be fun," she said, and she began to climb.

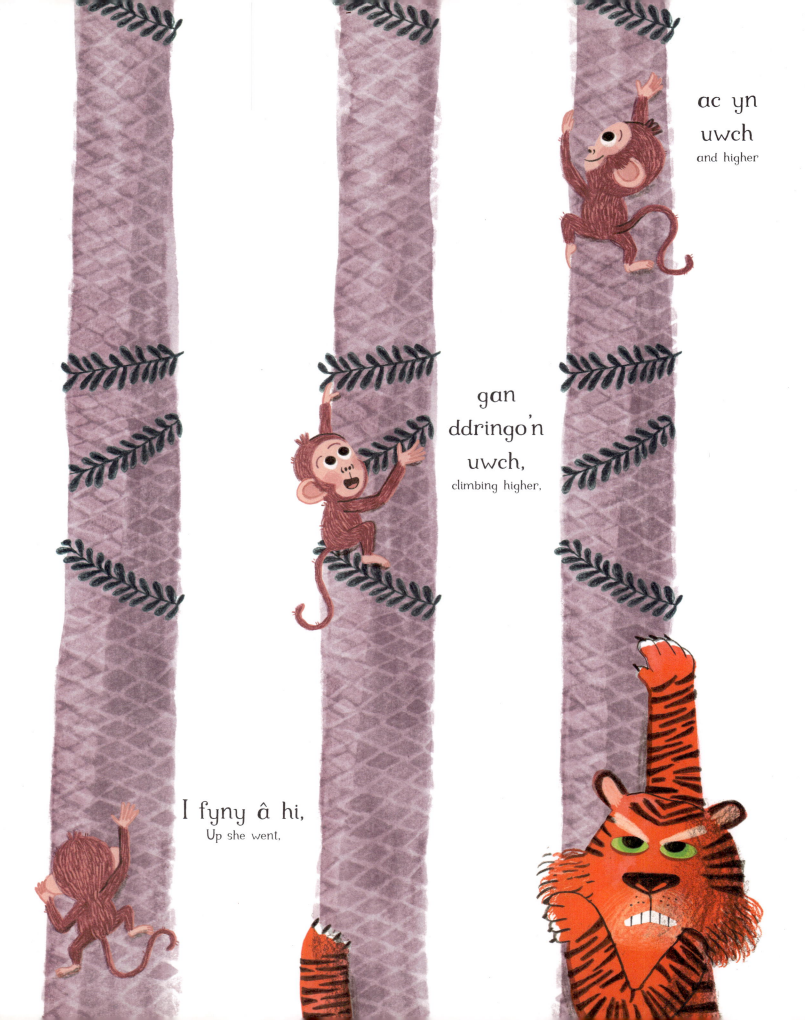

Gan gynnwys gweddill ei haid.
Including the rest of her troop.

"Maen nhw'n hynod falch o 'ngweld i!"
"They look very excited to see me!"

Mae'n rhaid ei bod hi'n bryd mynd, meddyliodd Mwnci,
It must be time to go, thought Monkey,

a dyma hi'n swingio tua'r llawr o'r goeden dalaf,
and she swung down from the tallest tree,

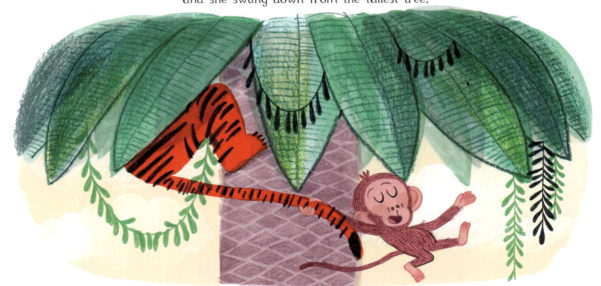

gan deimlo'n fodlon iawn ac yn falch iawn.
feeling very pleased and very proud.

Roedd Mwnci wir yn dwlu ar fyw yn y jyngl,
Monkey did love living in the jungle,

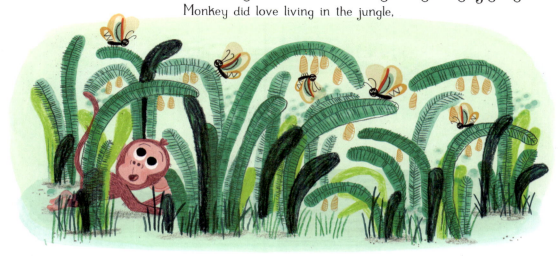

nawr yn fwy nag erioed o'r blaen.
now more than ever before.

"Efallai fy mod i'n un fach ond dwi'n un ddewr iawn," meddai.
"I may be small but I'm very brave," she said.

"Ac yn un lwcus iawn!" meddai gweddill yr haid.
"And very lucky!" said the rest of the troop.

Roedd Mwnci Bach yn gwybod
eu bod nhw'n iawn. Roedd hi'n gwybod y gall
y creadur lleiaf gael yr anturiaethau mwyaf.
Little Monkey knew they were right.
Because the smaller you are, the larger your adventures can be.

Ond y peth gorau i gyd ...
But best of all ...